ENFIN !

THÉOPHRASTE RENAUDOT

Aura-t-il la Statue qu'il mérite à tant de titres !

L'ABSOLUE VÉRITÉ

SUR

SA VIE ET SES ŒUVRES

OUTRAGEUSEMENT DÉFIGURÉS DEPUIS DEUX SIÈCLES PAR LA CALOMNIE & L'IGNORANCE

PAR

L'HISTORIEN DE LA PRESSE

PARIS

LIBRAIRIE HONORÉ CHAMPION

9, QUAI VOLTAIRE, 9

1892

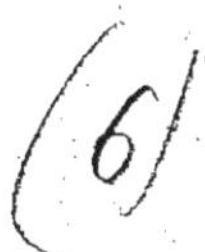

POST-SCRIPTUM EN GUISE DE PRÉFACE

Je venais de donner le bon à tirer de cette brochure quand m'arrivent du Poitou des nouvelles bien faites pour m'étonner, et qui auront étonné davantage encore l'ombre de ce digne Renaudot, si ennemi du bruit. Lui qui aurait repoussé de ses yeux le seul mirage d'une statue, le voilà menacé d'en avoir deux.

C'est ce que m'apprend le procès-verbal, que j'ai sous les yeux, d'une délibération du Conseil municipal de Loudun, du 11 janvier 1892, où je lis ce qui suit, en substance :

« Appelé à délibérer, sur la proposition de M. Duméreau, maire,

« Le Conseil, à l'unanimité,

« Sans s'occuper d'un Comité formé en cette ville par des gens sans mandat,

« Mais répondant au désir de MM. les Sénateurs du département.....

« Adhère au projet d'érection d'une statue à l'illustre compatriote Théophraste Renaudot ;

« En outre déclare se constituer en Comité Loudunais.....

« Puis, sur la proposition de M. le Maire, le Conseil

« 1º Vote une somme de 2.000 francs à titre de souscription pour l'érection du monument..... assuré que chacun voudra s'associer à cette œuvre de justice et de réparation, à cette œuvre vraiment populaire ;

« 2º Décide que les noms de MM. Hatin et Gilles de la Tourette, les deux biographes de Renaudot, et qui l'un et l'autre ont fait hommage à la Municipalité de Loudun d'un exemplaire de leurs ouvrages, seront inscrits sur le piédestal de la statue. »

Cela est parfaitement digne. Mais voilà que ce pacifique Renaudot va être ballotté de Loudun à Paris, comme Jeanne d'Arc de Domremy à Vaucouleurs. Souhaitons que les tenants de Théophraste imitent ceux de Jeanne, que les deux partis se donnent le baiser de paix, et ne rivalisent plus que de zèle.

Pour ce qui me regarde personnellement, je me tiens pour tout à fait indigne de l'honneur qu'on veut me faire. En quoi l'ai-je mérité? J'ai simplement préparé les voies, amassé les matériaux. Quant à la suite, à l'exécution, il y faut des qualités qui m'ont toujours fait défaut, tandis que mon co-biographe les possède au plus haut degré — pour Paris. Pour Loudun, la Municipalité y suffira. J'ai vu avec plaisir qu'elle avait encore à sa tête M. Duméreau, qui a été, dans le temps, très obligeant pour moi, ainsi que je l'ai constaté dans l'avant-propos de mon Renaudot. J'ose espérer que depuis lors il aura trouvé l'explication des vides si regrettables qui s'étaient faits dans les archives de la ville.

POUR LA STATUE

DE

THÉOPHRASTE RENAUDOT

Renaudot aura été un des plus frappants exemples de cette fatalité qui pèse sur certains noms, qui les empêche d'émerger, de remonter au rang qui leur appartient, et il arrive même parfois que les mieux intentionnés sont ceux-là qui les enfoncent davantage, comme nous allons le voir pour ce digne Théophraste.

Depuis qu'en abordant l'histoire de la Presse j'ai rencontré cet homme de bien, et que j'ai appris à le connaître, je me suis pris pour lui de la plus vive sympathie, et, de toutes mes forces, j'ai essayé de réagir contre cette fatalité, contre cette ingratitude persistante de la postérité envers un des hommes qui ont le plus de titres à sa reconnaissance, ingratitude que je ne voyais pas sans une sorte de dépit entretenue, fomentée par ceux-là mêmes qui devraient être les premiers à la combattre. Pendant quarante ans je n'ai cessé de m'élever contre une si révoltante iniquité, de crier par dessus tous les toits que Renaudot est un des plus grands hommes de bien qu'ait produits la France, celui peut-être qui, avec Saint-Vincent-de-Paul, comme le dit à juste titre l'auteur de l'*Administration sous Richelieu*, a le plus fait pour les classes nécessiteuses.

Mais, hélas ! ma voix s'est perdue dans l'indifférence publique. J'ai seulement réussi, à force, à force, à faire entrer les deux noms de *Renaudot* et de la *Gazette* dans la circulation ; on les rencontre plus souvent, mais toujours plus ou moins gravement défigurés, surtout depuis la floraison du reportage à outrance. On ne saurait s'imaginer ce qui s'est débité depuis quelques années, ce qui se débite encore journellement d'insanités à leur propos, non seulement dans les journaux, mais dans les revues les plus haut cotées, dans les livres, dans des thèses solennelles en pleine Sorbonne, et, pour comble, jusque dans une feuille qui devrait, ce semble, parmi toutes, avoir le culte de Renaudot, se montrer la gardienne jalouse de la mémoire de son fondateur, la *Gazette de France* elle-même, où elles ont fatalement plus de portée. Et toutes aboutissent à ce refrain, plus ou moins enguirlandé : *Renaudot était un charlatan, et sa Gazette un recueil de balivernes ! !*

Il y a, je ne crains pas de le dire, dans cet étalage éhonté d'ignorance en pareille matière, quelque chose de peu honorable pour la presse française, pour notre patriotisme à tous, pas plus que pour notre esprit.

Il me faudra bien en citer quelques exemples, car on ne voudrait pas me croire, si gros que fussent les points que je pourrais mettre sur les *i*, et l'on n'y saurait guère aller voir.

J'ai plusieurs fois protesté, dans la *Gazette* même, contre ces déplorables errements ; ç'a été en vain, et l'on ne saurait s'en étonner. Pour qui connaît la façon dont se font les journaux, c'est fatal. On ne peut attendre des secrétaires, qui se succèdent parfois rapidement, qu'ils connaissent l'histoire du journal dont ils dirigent la rédaction ; mais alors mieux vaudrait, pour un journal qui se respecte, pour la *Gazette* surtout, s'abstenir, ou, tout au moins, n'accueillir qu'avec la plus extrême circonspection *Danaos, et dona ferentes.*

Mes honorables confrères voudront bien, j'ose l'espérer, pardonner la liberté grande à mes vieux chevrons, et à ma passion pour une cause éminemment juste, dont je me suis fait depuis près d'un demi-siècle l'ardent avocat.

La campagne qui se poursuit pour élever une statue à Renaudot arrêtera-t-elle ce débordement d'inepties ? Hélas ! si fort que je le souhaite, je n'ose guère l'espérer.

Et d'abord la manière dont cette campagne est conduite porterait à croire que le patriotisme, ou, ce qui serait mieux dire, le renaudotisme, n'est pas le seul, ni même le principal mobile des meneurs. Comment expliquer autrement ce fait, par exemple, que Poitiers ait été laissé à l'écart ; que ce soit, comme le disait tout récemment encore, le 15 janvier, une revue de la contrée, « par les journaux de Paris, qu'on y ait appris qu'il serait question d'élever une statue à Renaudot sur une des places publiques de Loudun ! »

Comme moi, ils en auront appris, coup sur coup, toujours par les journaux, bien d'autres. Il n'est plus question d'une petite place à Loudun, d'un Comité local, parfaitement honorable évidemment, mais sans prestige. Il s'agit maintenant d'une grande place à Paris, d'un grand Comité, littéraire et médical, qui n'est pas encore constitué, mais qui a déjà un secrétaire général.

On peut facilement s'imaginer ce qui se pense et se dit de tout cela dans le Poitou et ses alentours. Je ne me hasarderai pas à coucher sur le papier ce qui m'est raconté. Mon ingénuité native me porterait plutôt à ne voir là que propos de mauvaises langues.

En attendant, les outranciers de la pseudo-chronique continueront à qui mieux mieux leur petit commerce. Les termes mêmes dans lesquels le journal l'*Eclair* — par lequel j'ai appris la chose — l'annonce et la préconise, me font craindre que le mal ne soit incurable, et il en fournit tout de suite la preuve par lui-même.

C'est, en effet, dans son nº du 18 décembre que le hasard me fit apercevoir, dans une réclame pour un Dictionnaire d'adresses, le nom de Renaudot, qui me fait toujours dresser l'oreille. « Si Renaudot, y était-il dit, fonda un livre de publicité, ainsi qu'un journal et un bureau, c'est qu'il était médecin sans clientèle, et qu'il avait appris, par sa propre expérience, que le seul moyen de faire savoir qu'il existait c'était de le dire ».

Je haussai les épaules. Mais quelle surprise m'attendait à deux jours de là ? Entraîné sans doute sur le chemin de Damas par le bouillant meneur de l'entreprise à Paris, le « distingué praticien, ex-chef de clinique de la Salpêtrière, qui a occupé ses loisirs, il y a sept ans, à écrire une si complète biographie du fondateur du journalisme, qu'on se demande ce qu'on pourrait bien y ajouter », ses yeux se sont miraculeusement ouverts, et sa conversion a été aussi complète que rapide. Renaudot, qui était le 18 décembre un piètre médecin, se trouva être quarante-huit heures après « l'un des esprits les plus généreux, les plus solides, les plus variés du dix-septième siècle, l'incontestable père du journalisme français, un des précurseurs de la société moderne, le premier qui, sous la monarchie absolue, deux siècles avant la Révolution, a envisagé d'une façon pratique la question sociale, formulé le problème de la répartition du travail, et préparé les solutions dont nous poursuivons encore l'achèvement, l'homme, enfin, qui fut, avec Richelieu et le Père Joseph, l'un des directeurs de l'opinion publique en France. Et il faut l'entendre au sens absolu du mot : c'est appuyés sur leur ami et conseiller Théophraste que le premier Ministre et l'Eminence grise gouvernaient ! — Quel beau sujet pour un artiste que ce groupe de trois têtes si diversement puissantes, et de trois robes de couleurs non moins diverses ! — La perspicacité populaire ne s'y trompait pas. Un libelle représenta ces trois personnages en caricature : on voyait le Père Joseph ouvrir la porte de la chambre dans laquelle trônait Richelieu, sous le fauteuil duquel était caché Renaudot, qui prenait des notes pour sa *Gazette* » !

Comme c'est trouvé ! Malheureusement c'est de la fantasmagorie toute pure, jusqu'à cette apostrophe que Renaudot aurait jetée à la face de ses ennemis : « Le journal tient cela de la nature des torrents qu'il se grossit par la résistance », qui n'est ni dans le langage de Renaudot, ni même dans la langue de cette époque. Il en est de cette fière parole comme de tous les mots historiques, fabriqués ou tout au moins arrangés après coup. Le fond en est bien de Renaudot, mais la forme est de l'historien de la presse. La Tourette l'a prise chez moi, et en a fait, sans y regarder autrement, une des épigraphes de son volume, de la couverture duquel elle a pris son vol.

Mais revenons à notre panégyriste. Il s'étonne, non sans raison, que l'homme prodigieux dont il vient de tracer le portrait n'ait pas encore de statue, ni dans son pays, ni dans Paris, qui est sa ville d'élection. Mais patience, voici que va sonner l'heure de la réparation, de la justice !

« Tout marche à souhait pour le succès de l'entreprise. Le sculpteur a promis l'œuvre, l'Etat a promis le marbre, la Comédie sa représentation, le Sous-Préfet de Loudun son concours, la Presse sa publicité !... »

A quoi bon alors, pourrait-on se demander, ces quêtes que l'on organise ?

Mais voici que, dès le surlendemain, arrive une première protestation. « Personnellement, écrit M. Claretie, je suis tout acquis à l'œuvre entreprise par la ville de Loudun, et je l'ai dit à mon ami le docteur Gilles de la Tourette, LE biographe de Renaudot ; mais les statuts... »

Le dirai-je ? ce LE m'a quelque peu interloqué, parce que j'en ai vu tout de suite la portée, le danger, les bourdes qu'il peut faire commettre, et que je me crois en droit, non seulement d'apporter ma pierre au monument qu'on projette d'élever à mon *client,* mais même, dans la mesure du possible, d'en contrôler les matériaux.

Or, je le connais foncièrement, ce biograghe unique, M. G. Gilles de la Tourette — L. T. par une abréviation involontaire, qu'il voudra bien me pardonner. Elle aurait, d'ailleurs, une quasi-justification dans les rapports que nous avons eus ensemble. L'histoire même en est assez édifiante pour que je m'y arrête quelques instants.

Naturellement je n'avais jamais entendu parler de cet apprenti docteur, quand il m'arriva un beau matin, non, me dit-il, sans avoir eu de la peine à découvrir ma retraite : j'étais depuis longtemps passé à l'état de défunt.

La lecture de mes écrits lui avait, me dit-il, inspiré l'ambition d'écrire la vie de Renaudot. Il était déjà en train de traduire les registres de la faculté de médecine. Il avait, en outre, pour cela, des documents inédits, et la libre disposition d'une bibliothèque ouverte à lui seul. Mais comme, somme toute, c'était à moi qu'il devait l'idée de l'œuvre qu'il préparait ; qu'il en avait emprunté les matériaux essentiels, le fond, à mes publications, qu'il m'avait, en un mot, « pillé à mort » — ç'avait été ses premiers mots en m'abordant, — il tenait à s'assurer qu'il n'aurait à redouter, de ma part, ni revendication, ni concurrence. Il y mit, à diverses reprises, beaucoup d'insistance. Il dirait dans sa préface ce qu'il me devait ; il allait jusqu'à m'offrir de me dédier son livre.

Nous eûmes des entrevues assez fréquentes. Il savait me trouver dans mes promenades, et nous avons eu, au Luxembourg, des conférences qui n'en finissaient pas. Bref, je lui laissai toute liberté d'action, et il en a usé largement, mais peut-être un peu trop précipitamment, pressé qu'il était de se produire, et surtout de me devancer. Si bien qu'il en oublia sa dette envers moi, croyant avoir assez fait en mettant mon nom par ci par là au bas des pages, et en dissimulant de son mieux les emprunts qu'il me faisait : préoccupation vraiment bien superflue, qu'il poussa jusqu'à la puérilité, jusqu'au ridicule.

Certes, je suis loin d'être exigeant, mais vraiment, tant de bonté de ma part demandait mieux que ça, et ce n'eût pas été excéder les limites de la reconnaissance que de m'offrir un exemplaire de son ouvrage.

Lorsque enfin, il eut tiré de moi tout ce qu'il en avait pu espérer, il me quitta, et toujours avec les mêmes politesses, après une dernière conférence, de trois heures, au Luxembourg, et je ne l'ai plus revu.

Quant à son Renaudot, je le connais non moins parfaitement, pour l'avoir disséqué dans un factum dédié à l'Académie française et qui a fait quelque bruit. C'est, comme je l'ai amplement démontré, une indigeste compilation faite sur les bancs de l'Ecole de Médecine, et qui tient largement, et même au-delà, dans la forme comme dans le fond, ce qu'on pouvait attendre d'une pareille origine.

Aussi, comme l'a dit, avant moi, le très indulgent critique de la *Revue littéraire*, « l'homme de goût, d'étude et de raison, ne devra-t-il se fier qu'avec une extrême réserve aux élucubrations de l'auteur de Théophraste Renaudot d'après des documents inédits ». Et la circonspection devra être d'autant plus grande que tout cela est dit avec une aisance telle que l'on croirait que c'est arrivé.

Je passe par dessus le style, parce que, quelle qu'en soit l'incorrection, et elle est grande au-delà de ce qu'on pourrait imaginer, cela ne tire pas à conséquence. Il en va tout autrement quand il s'agit de faits historiques, comme celui-ci, par exemple.

Renaudot avait plusieurs fils. L'aîné portait, suivant un usage assez répandu, et que, pour ma part, je trouve absurde, le même prénom que son père. Son trop jeune biographe a ignoré ce fait, et, de la première à la dernière page, il ne fait du père et du fils qu'une seule et même personne, confusion dont les conséquences vont jusqu'à l'absurde, et qui, à elle seule, serait suffisante pour la condamnation d'une biographie. C'est ainsi qu'il place dans le berceau de notre Théophraste un titre seigneurial et des armes auxquels celui-ci était bien trop modeste pour aspirer. C'est ainsi, et ce qui est beaucoup plus grave, qu'en dépit de tout ce qui aurait dû, s'il avait eu tant soit peu de jugement, le garder d'une pareille stupidité, il lui donnera le siége octroyé à la cour des Monnaies par le roi à « son cher et bien amé Théophraste Renaudot, advocat en

Parlement, sur le bon et louable rapport qui lui avait été fait de sa personne et très suffisante loyauté, prudhomie et expérience ».

Ne pourrait-t-il arriver qu'un des orateurs qui salueront Renaudot sur son piédestal, fier de cette trouvaille, n'y voie un fleuron de plus à ajouter à la couronne du héros de la fête? Ça ne l'écorcherait pas, assurément, mais enfin, ce serait faux et absurde.

En résumé, le livre de L. T. n'est au fond que l'amplification du mien ; il en a pris chez moi le fond, tout ce qui constituait la vie de Renaudot. Les *documents inédits* si pompeusement annoncés sont tout simplement les registres de la Faculté de Médecine de Paris, registres, il est vrai, inédits dans leur ensemble, mais archi-connus, et qui ont été très largement exploités, notamment pour l'époque de Renaudot, par le savant bibliothécaire de l'Ecole. J'en ai moi-même résumé l'esprit dans la mesure qui m'a paru suffisante, le reste intéressant l'histoire de la Faculté beaucoup plus que celle de Renaudot.

Une chose dans tout cela m'a surpris, c'est le soin que mon jeune co-biographe a pris de dissimuler ses emprunts, soin bien superflu, puisque je lui avais laissé toute liberté à cet égard. Pour cela, il les a morcelés et noyés dans un amalgame d'un aloi plus que douteux ; ce qui l'a conduit souvent à mettre la charrue devant les bœufs, à revenir deux ou trois fois dans le même sillon ; bref, il a poussé sur ce point la préoccupation jusqu'à la puérilité, jusqu'au ridicule.

C'est contraint et forcé, dans l'unique intérêt de la vérité, que je suis entré dans ces détails, et que j'ai dû appuyer mon opinion de quelques citations. Cela ne saurait plus d'ailleurs porter aucun préjudice à mon jeune confrère, ni à l'œuvre qu'il poursuit avec tant d'ardeur, et que nul autre, assurément, ne serait plus capable que lui de mener à bonne fin. Il a trouvé sa voie, et son avenir est là. Sa biographie de Renaudot restera un péché de jeunesse, comme tant d'autres écrivains en ont sur la conscience, et dont le ressouvenir n'est pas sans quelque saveur.

Cela dit, il ne m'en coûte pas de reconnaitre qu'il y a dans le livre de la Tourette des parties que l'on croirait difficilement sorties d'une plume aussi jeune ; que l'ensemble atteste un travail considérable, une habileté de main et un savoir-faire que, pour ma part, je n'aurais pas augurés de la jeunesse de l'auteur, de l'inexpérience littéraire d'un interne des hôpitaux, et je reste convaincu que, malgré ses défauts, il a largement contribué, et contribuera encore, à l'avancement de l'œuvre de réparation que je poursuis depuis si longtemps. Que son auteur la mène à bonne fin, nul n'y applaudira plus cordialement que moi.

Mais il est grandement temps de revenir à Renaudot.

RENAUDOT ET SES ŒUVRES

Renaudot naquit en 1586, à Loudun, et non à Londres, comme le dit Larousse ; une coquille, évidemment, mais combien y seront pris !

Il n'avait que dix-neuf ans quand il reçut le bonnet de docteur à la fameuse université de Montpellier, mais, « sachant que l'âge est nécessaire pour autoriser un médecin, il employa quelques années dans les voyages qu'il fit, dedans et dehors le royaume, pour y recueillir ce qu'il trouverait de meilleur dans la pratique de cet art, qu'il vint ensuite exercer dans sa ville natale ».

Il s'y fit tout de suite remarquer par son habileté dans l'art de guérir, mais surtout par « son soin particulier au secours et traitement des pauvres, l'objet de ses labeurs et la plus agréable fin qu'il se soit jamais proposée ». Sa réputation ne tarda pas à se répandre dans tout le Poitou, et elle attira sur lui l'attention, notamment de Richelieu, qui le couvrit toute sa vie, de sa protection ; ce qui, par parenthèse, me semblerait suffire à son éloge.

La misère était extrême à cette époque, surtout à Paris, « où les malheureux accouraient à trouppes, pour ce que cette ville semblait être le centre et le pays commun de tout le monde, sous l'espérance de quelque avancement, qui se trouvait ordinairement vaine et trompeuse ».

Et cette profonde misère était presque sans palliatifs. Point de journal, point d'office de renseignement, point de bureau de placement, point de mont-de-piété, point d'hôtel des ventes, point de dispensaire. Tout cela manquait à nos ancêtres au commencement du xviie siècle, et tout cela va leur être donné par un seul et même homme, dont la population parisienne, pour laquelle il a tant fait, connaît à peine le nom.

Cette triste situation préoccupait fort le gouvernement, « Le Roi, lit-on dans une déclaration de 1638, n'ayant jamais rien eu en plus grande recommandation que le soulagement bien et utilité de ses sujets, ce qui lui aurait fait rechercher, dès son avènement à la couronne, les moyens d'y pourvoir, et mander les personnes qui lui pourraient donner avis en cette occurrence, avait mandé, entre autres, sur l'avis qu'il avait eu de sa capacité, un de ses amés et féaux conseillers et médecins ordinaires, maître Théophraste Renaudot ».

Renaudot s'empressa, naturellement de répondre à l'appel du roi. A entendre L. T., il se serait rendu à la Cour, où on lui aurait fait toutes sortes de politesses, et le jeune roi s'en serait tellement épris qu'il voulait le retenir, et qu'il « le *sollicita* vainement pendant dix années de revenir à Paris ». Disons tout simplement que, sur l'invitation des commissaires établis pour le soin des pauvres, il soumit ses projets au lieutenant civil, et qu'il insista plus particulièrement sur l'établissement d'un centre d'informations universelles, auquel il donnait le nom de Bureau d'adresse. Il faisait voir à l'appui que « l'une des plus notables incommodités des sujets du roi, et qui en réduisait même plusieurs à la mendicité, procédait de ce qu'ils ne pouvaient aisément rencontrer les adresses de leurs nécessités, faute d'y avoir quelque lieu destiné à cet effet, où les dits sujets pussent avoir recours toutes fois et quantes que bon leur semblerait ».

Les propositions de Renaudot, soumises au Châtelet, furent, par sentence du 12 août 1612, rendue sur les conclusions favorables du procureur du roi, « reconnues raisonnables pour le soulagement de la chose publique ». Et deux mois après, le jeune docteur, qui dès auparavant avait été nommé médecin du roi, recevait un brevet, du 12 octobre, par lequel, « désirant gratifier et favorablement traiter Théophraste Renaudot, l'un de ses médecins ordinaires, que, *sur l'avis qu'il avait eu de sa capacité, il avait fait venir exprès à Paris pour s'employer au règlement général des pauvres de son royaume,* le roi, pour les bons et agréables services qu'il lui avait rendus, et pour les frais de ses voyages, lui faisait don de la somme de six cents livres, et lui accordait la permission et privilège, exclusivement à tous autres, de faire tenir bureaux et registres d'adresses de toutes les commodités réciproques de ses sujets, en tous les lieux de son royaume et terres de son obéissance qu'il verra bon être ; ensemble de mettre en pratique et établir toutes les autres inventions et moyens par lui découverts pour l'emploi des pauvres valides et traitement des invalides et malades, et généralement tout ce qui sera utile et convenable au règlement desdits pauvres... »

Il y a loin de ce Renaudot à ce piètre médecin venant chercher fortune à Paris, où il aurait, pendant des années, vécu d'expédients !

Et qu'on remarque la teneur de cet acte royal. Ce n'est pas un privilège accordé à Renaudot, c'est un mandat qui lui est donné, et qu'il remplira sous le titre de *Commissaire général des Pauvres du Royaume,* comme qui dirait *Ministre de la Charité.* Et cette mission, Renaudot consacrera toute sa vie à la remplir, avec un dévouement et un désintéressement sans pareils. Comme il le dit lui-même, dans la simplicité de son âme et la naïveté de son langage, « se recognoissant né au bien public, il y a sacrifié le plus beau de son aages sans autre récompense que celle dont la vertu se paye par ses mains ».

Je ne crois pas avoir besoin de faire ressortir tout ce qu'il y avait d'honorable pour Renaudot dans cet acte royal, quelle carrière il lui ouvrait, s'il eût été animé des sentiments étroits que lui prêtent si bénévolement des écrivains qui ne savent pas le premier mot de sa vie. Cependant, pour une raison ou pour une autre, il retourna à ses malades, et c'est seulement une douzaine d'années après, vers 1625, qu'il vint se fixer à Paris, pour se consacrer tout entier à ses fonctions de *Commissaire général des pauvres du royaume,* dont il avait été investi en 1618, sur le rapport des commissaires du Conseil, concluant « qu'il était du service de Sa Majesté, bien et soulagement de ses sujets, que les propositions de Renaudot fussent reçues ».

Cette charge lui rapportait huit cents livres par an, et elle lui en coûtait deux mille. Dès ses premiers pas, en effet, la routine, l'envie, l'esprit de corps, s'étaient mis à la traverse de ses projets, et ce n'est qu'après d'incroyables tribulations qu'il obtint du Parlement, en 1629, un arrêt qui, mettant fin à une interminable procédure administrative, confirma définitivement le privilège que lui avait accordé le Brevet royal de 1612. Ainsi, il n'avait pas fallu moins de dix-sept années et de toute la ténacité de Renaudot pour faire admettre ce qui était l'évidence même, l'utilité d'une institution qui répondait à une nécessité publique si pressante.

Libre enfin de toute entrave, il se mit immédiatement à l'œuvre, et, quelques mois après, au commencement de l'année 1630, il ouvrait le premier Bureau d'adresse, rue de la Calandre, sortant au Marché-Neuf, à l'enseigne du *Coq,* qui devint bientôt le Grand-Coq, dénomination qui, elle-même, ne tarda pas à être effacée, annihilée, par celle de Bureau d'adresse.

LE BUREAU D'ADRESSE

Le Bureau d'adresse n'était pas, comme on est assez généralement porté à le croire, un simple bureau de placement ; c'était un office de renseignements, d'informations, de publicité, comme il n'en a jamais existé d'autres. Dès qu'il en eut ouvert les portes, Renaudot publiait, sous le titre de : « *Inventaire des adresses du Bureau de rencontre,* où chacun peut donner et recevoir avis de toutes les nécessitez et commoditez de la vie et société humaine », une brochure qui montre à quels besoins cet établissement répondait, besoins dont on a grand'peine à se faire une idée aujourd'hui. Elle ne se compose pas de moins de 33 pages grand in-4° (grand *manuscrit*, dit L. T., pour me faire niche), et encore n'est-ce pas l'inventaire que promettait le titre, mais seulement un *Sommaire des chapitres de l'Inventaire des addresses du Bureau ou table de rencontre*, et le nombre de ces sommaires n'est pas moindre que 83.

Nous ne suivrons pas Renaudot dans cette énumération, poussée, il le reconnaît lui-même, jusqu'à la minutie : « Aucuns, dit-il, jugeront plusieurs petites choses indignes d'une *institution royale* telle que celle-ci. » Les curieux, d'ailleurs, trouveront dans le tome II de mon *Histoire de la Presse* la reproduction presque intégrale de cette pièce, aussi rare qu'elle est intéressante.

En somme, ce que veut ce brave Renaudot, c'est que l'on trouve dans son établissement « l'adresse généralement de toutes les choses qui peuvent tomber dans le commerce et société des hommes », ces mille et mille renseignements qui sont nécessaires à chaque pas dans la vie commune.

Nous avons dit qu'un brevet royal de 1612 avait, entre autres choses, accordé à Renaudot la permission et privilège de faire tenir bureaux et registres d'adresses, « à quoi il aurait continuellement vaqué et fait travailler depuis ledit temps ». Ce brevet fut confirmé par une déclaration du roi, du 31 mars 1628, qui lui donne à nouveau le pouvoir d'établir dans tous les lieux qu'il verra bon être des bureaux et tables de rencontre, et qui en même temps réglemente le fonctionnement de ces établissements. En conséquence « Renaudot pourra mettre auxdits bureaux des commis, dont il demeurera responsable, qui tiendront livres et registres dans lesquels il sera permis à chacun de faire inscrire et enregistrer, par chapitres distincts et séparés, tout ce dont il pourra donner adresse sur lesdites nécessitez, et semblablement d'y venir apprendre et recevoir lesdites adresses par extraits desdits registres. Sans qu'il soit *payé plus de trois sous pour chacun enregistrement ou extrait* desdits registres, et gratuitement pour les pauvres ; et sans qu'aucun soit contraint de se servir desdits Bureaux, tables et registres, si bon lui semble. A la charge que ceux qui se seront fait enregistrer seront tenus venir faire descharger le registre dans les vingt-quatre heures après qu'ils auront rencontré la chose pour laquelle ils s'étaient fait inscrire, et à l'instant mesme qu'ils auront changé d'avis en cas qu'ils en vinssent à changer, sous les peines auxquelles ils se soumettront lors dudit enregistrement ; et ce pour obvier à l'incommodité qui adviendrait en adressant des personnes aux lieux où ils ne trouveraient plus ceux qui se seraient inscrits : ce qui priverait lesdits Bureaux de l'utilité que le public en attend ; et pour laquelle

descharge il ne sera rien payé... » *Signé : LOUIS. — Par le Roy,* De
LOMÉNIE ; *et scellé sur simple queue du grand sceau de cire jaune.*

Il n'est pas besoin d'insister sur les services que pouvait rendre à cette
époque une pareille institution, si rudimentaire qu'on en suppose les
commencements, et l'on se représente aisément l'émotion qu'elle dut
produire et la vogue qu'elle obtint dès le premier jour.

Mais Renaudot ne pouvait s'arrêter là. Dans ses commencements, le
Bureau d'adresse se bornait au rôle d'indicateur, rôle indiqué par son titre
même. Il en vint bientôt à penser qu'il servirait bien mieux les intérêts de
ses clients s'il portait directement à la connaissance du public, à domicile,
ces offres et ces demandes qui en encombraient les registres.

De là les *Petites Affiches,* telles à peu près qu'elles existent encore
aujourd'hui.

Mais combien les choses ne seraient-elles pas simplifiées, et quels plus
grands services ne rendrait pas son établissement, s'il pouvait y mettre
certains objets sous la main des intéressés.

De là la première *Salle des ventes publiques ou amiables.*

Mais ces ventes, quelquefois si douloureuses pour ceux que force la
nécessité, n'y aurait-il pas quelque moyen, sinon d'en faire disparaître la
cause, au moins d'en atténuer l'effet.

De là notre *Mont-de-Piété.*

Et toutes ces créations étaient autorisées, encouragées, et réglementées
par le gouvernement, comme l'était lui-même le Bureau d'adresse.

C'est encore à lui que nous devons le *Dispensaire,* création qui, à elle
seule, mériterait une statue ; c'est celle, assurément, qui lui fait le plus
d'honneur, et son titre le moins discutable à notre reconnaissance.

« Chacun sait, dit-il quelque part, combien de milliers de pauvres
personnes se sont retirées de la mendicité, ou l'ont évitée, par les emplois
qu'elles ont rencontrés et qui leur sont tous les jours donnés audit
Bureau d'adresse. Mais, pour ce qu'il n'y a point de pauvreté plus à
plaindre que celle des malades, ce Bureau s'est particulièrement adonné
à leur traitement ».

Renaudot y consacrait, en effet, tout le temps et tout l'argent dont il
pouvait disposer ; « il lui en coûtait tous les ans plus de 2.000 livres du
sien, outre son temps, son industrie et sa peine, pour donner à ces pauvres
malades les consultations et les remèdes dont ils avaient besoin ». Dans
une requête à la reine régente, il expose que, « depuis vingt-cinq ans qu'il
exerce la charge de Commissaire général des pauvres du royaume, il en
a médicamenté à ses frais et guéri plus de vingt mille ».

Ces consultations ne pouvaient manquer d'attirer la foule des malades ;
elle fut telle, que Renaudot, obligé de se faire assister par des confrères

charitables comme lui, avait fini par organiser dans cette élastique maison du *Grand-Coq*, sous le nom de *Consultations charitables pour les malades*, ce que nous appelons aujourd'hui un Dispensaire.

Là « quinze à vingt médecins venaient alternativement, tous les jours, donner leurs conseils gratuits à tous les pauvres malades, qui s'y trouvaient si pressés pour y recevoir du soulagement en leurs maladies, qu'ils étaient contraints de se partager en plusieurs bandes, afin de leur donner plus promptement secours, sans faire attendre leurs ordonnances. » Bientôt ce fut la place qui manqua ; cette incessante procession finit par encombrer les abords du logis de Renaudot au point de le rendre de difficile accès à toutes autres personnes, sans parler des artisans et marchands qui occupaient tous les jours, avec leurs marchandises et manufactures, les avenues et entrées du Bureau d'adresse, pour ce qu'ils y en trouvaient le débit par l'affluence du peuple qui se portait à cette nouveauté, et qui menaçait d'obstruer ledit Bureau et de le priver de ses autres usages ».

Les médicaments fournis gratuitement étaient préparés au domicile de Renaudot, dans un laboratoire de chimie, qu'il avait été autorisé à ouvrir par des *Lettres patentes du roi en faveur des pauvres, et particulièrement des malades,* données à Chantilly le 4 septembre 1640. Ces Lettres, que je regrette de ne pas pouvoir reproduire, parcequ'elles sont pour Renaudot un véritable titre d'honneur, ne s'étaient pas bornées à cette simple formalité ; mais, « considérant que Renaudot n'avait pas seulement vaqué à la perquisition des secrets et choses les plus cachées en l'art de médecine, dont il fesait profession depuis trente-cinq ans, mais encore, depuis l'établissement du Bureau d'adresse, avait reçu en iceux toutes les personnes curieuses qui y font expérience de plusieurs inventions utiles au public, et particulièrement aux pauvres », lui avaient permis de tenir chez lui des fourneaux, ce qui s'accordait alors très difficilement, et d'y faire toute sorte d'opérations chimiques servant à la médecine, et avaient autorisé tous ceux qui auraient quelque invention utile au public à en faire l'expérience en la maison dudit Renaudot et en sa présence, et non autrement.

Nous reparlerons de ces lettres ; mais il nous faut auparavant revenir à la *Gazette*, que nous avons laissée en arrière pour ne pas interrompre le développement si rapide du Bureau d'adresse, l'enchaînement de toutes ces « innocentes inventions ». de Renaudot, dont la *Gazette* est, je le veux bien, la plus importante, mais peut-être pas la plus innocente.

LA GAZETTE

Sur l'enfantement de la *Gazette* les documents font, ou du moins m'ont fait absolument défaut. Heureusement pour nous que les fantaisistes n'ont pas manqué, qui s'en sont donné à cœur joie sur ce sujet attrayant.

Saint-Foix, qui n'était probablement lui-même qu'un écho, et un écho assez peu fidèle, car il se trompe jusque sur l'âge de la *Gazette*, a mis en circulation, sur son origine, une fable qui va se répétant depuis un siècle, avec des variantes plus ou moins spirituelles, d'anas en encyclopédies, et que de temps à autre encore quelque chroniqueur inventif donne comme une trouvaille et le dernier mot de la science à ce sujet. D'après cette fable, la *Gazette* n'aurait été, dans l'origine, qu'un recueil de racontars que Renaudot distribuait à ses malades pour les amuser. Voilà le thème ; écoutons les fioritures.

« Le Bureau d'adresse, dit un portraitiste très connu, quoi qu'en dise son pseudonyme, était une boutique où venaient se filtrer ou s'embourber les bruits du jour, les nouvelles des cabarets, des coulisses, de la Cour. Un matin, Théophraste, qui était doué du génie commercial, eut l'idée de publier par la voie de l'impression les bruits, les nouvelles, les cancans, qui se débitaient chez lui, et devint ainsi le premier journaliste par hasard ».

Plus fort. « Grâce à ses consultations gratuites, à son Mont-de-Piété, à son Bureau d'adresse, à ses réunions scientifiques, — toutes choses qui ne vinrent qu'après la *Gazette*, excepté le Bureau d'adresse — la maison de Renaudot était devenue, en peu de temps, le rendez-vous de toutes sortes de gens, riches ou pauvres, qui y apportaient les nouvelles de la Cour et de la ville. Renaudot, dont l'esprit était fort inventif, conçut l'idée de tirer partie de cette situation, et bientôt vingt scribes furent occupés toute la journée à recueillir les récits, vrais ou faux, des nombreux visiteurs qui affluaient à la maison du Grand-Coq de la rue de la Calandre. Telle fut l'origine des *Nouvelles à la main* que Renaudot distribuait à ses malades riches, pour dissiper leur ennui. Notre médecin ne tarda pas à porter plus haut ses vues, il songea à transformer ses nouvelles à la main en un recueil capable d'influer sur *l'opinion publique* ».

Cela se débitait naguère en pleine Sorbonne, dans une soutenance pour le doctorat ès lettres.

Qu'il me soit permis, pour montrer jusqu'où peut aller cette démangeaison de faire de la science au détriment de la vérité, cette rage d'écrire de ce qu'on ne sait pas, de citer encore un exemple, d'un autre ordre. Le hasard a mis dernièrement sous mes yeux une édition des œuvres de

Beaumarchais illustrée, « avec notices, analyses, notes et commentaires », édition adoptée par la ville, et fit qu'ils tombassent sur une note qui est une vraie perle. On rencontre dans la *Lettre modérée*, placée en tête du *Barbier de Séville*, cette aimable plaisanterie : « Si votre état est tel qu'il vous faille absolument l'oublier, enfoncez-vous dans une bergère, ouvrez le journal établi dans Bouillon, avec encyclopédie, approbation et privilège, et dormez vite une heure ou deux ». Le commentateur a jugé, avec raison, que bien peu de lecteurs sauraient ce qu'était ce journal de Bouillon, et il croit devoir le leur apprendre. « Le journal alors établi dans Bouillon, avec approbation et privilège, était, dit-il, la *Gazette de France*, le plus ancien des journaux français, fondé en 1631, par Théophraste Renaudot, sous le patronage de Richelieu ». C'est vraiment à n'y pas croire !

J'ai quelque honte à reproduire de pareilles insanités ; mais ceux qui savent ce que j'ai dépensé d'encre à les combattre me pardonneront d'avoir eu recours, en désespoir de cause, à ce procédé renouvelé de celui des Spartiates contre l'ivresse.

Depuis, et fort à point, sont venues les surprenantes révélations de mon co-bibliographe, qui ont soufflé sur cette fantasmagorie et l'ont mise à néant.

« Nous n'avons pas l'intention, dit L. T., de rechercher et de réunir ici tous les « vestiges précurseurs » du journal ; nous voulons seulement étudier et rapporter l'enchaînement de circonstances qui amena Renaudot à créer le premier de nos journaux ». Suivons donc cette étude et cet enchaînement.

« La plupart des auteurs qui ont écrit sur ce sujet (??), avec Hatin (Ah ! cette fois me voilà pris par les cornes !), pensent..... » Eh bien ! nous croyons que là n'est pas la vérité..... La voici :

Lorsque Richelieu fut définitivement en possession du pouvoir, Renaudot — qui le connaissait de longue date — vint le retrouver à Paris — en 1625. — Voyant l'avidité avec laquelle on s'arrachait les nouvelles à la main, il eut tout de suite, — en 1631 — la pensée de « mettre à exécution ce qu'il avait vu faire » en pays étranger, pensant pouvoir, à beaucoup de points de vue, en tirer un profit immédiat. L'ouverture qu'il en fit au ministre dut être bien accueillie. L'impérieux cardinal, en butte alors à une quantité de pamphlets qui l'irritaient fort et auxquels il était difficile de répondre, comprit vite la puissance du moyen que lui offrait Renaudot, et dès ce moment sa collaboration fut acquise aux gazettes..... Richelieu était donc entièrement acquis à la création de *la* gazette ; quant au Père Joseph, *leur* établissement rentrait tout à fait dans sa politique.

« Leclerc du Tremblay n'était pas un bavard, bien au contraire…. (une page à l'appui). Le Père Joseph avait donc certainement été consulté; et il avait dû lui sembler agréable de pouvoir faire, — par l'intermédiaire de Richelieu — dans un journal unique et privilégié — répandre partout — sans paraître lui-même — la direction qu'il comptait donner à la politique ! Enfin Richelieu était flatté dans son amour-propre d'écrivain !! On sait qu'il se piquait de littérature, et qu'il faisait de fort mauvaises tragédies en compagnie de Corneille : il trouvait là une excellente occasion d'écouler utilement sa prose !!! — Et il entraînait même le roi à collaborer à la nouvelle création de Renaudot ! »

Voilà, certes, une rédaction comme jamais depuis n'en a eu un journal, et cela pour une petite feuille hebdomadaire de quatre pages, qui ne se composait absolument que de nouvelles, et même, dans l'origine, que de nouvelles étrangères.

Et le roi, paraîtrait-il, y prit tant de goût qu'il devint « un des rédacteurs les plus fidèles du gazetier ».

Enfin « c'est dans le cabinet de Richelieu, en compagnie du Père Joseph, que Renaudot composait son journal ».

Voilà « l'étude et le rapport de l'enchaînement de circonstances qui amena la création de la *Gazette* ! »

Eh bien, vrai ! j'aime mieux la version de l'*Éclair* ; c'est la même, mais combien plus pittoresque !

Dans tout cela la personne de Renaudot se trouve considérablement diminuée ; mais il n'était pas homme à s'oublier. « La *Gazette*, nous dit un facétieux encyclopédiste, avait, comme de raison, une *quatrième page*, car Renaudot ne pouvait manquer d'inventer la *réclame*, et la dernière page de son journal contenait une liste des médicaments qu'on pouvait trouver chez lui, et les louanges de l'antimoine !!! »

Et cela se lit dans le *Grand dictionnaire universel*, un dictionnaire tout à fait bon enfant, comme aimait à l'appeler mon ami Larousse, qui tenait essentiellement à y mêler le plaisant au sévère.

Voilà la fable. Voyons la vérité.

La vérité est que Renaudot, en créant la *Gazette*, ne pensait pas plus à influer sur l'opinion publique qu'à amuser ses malades. Rien ne répond moins que cette petite feuille à l'idée que nous nous faisons des nouvelles à la main, du petit journal. On n'y trouve ni cancans, ni bruits de coulisses ou de cabarets, pas même, dans l'origine, de nouvelles de la ville ni de la cour, pas l'ombre d'annonces, encore moins de réclames personnelles. On y chercherait en vain, durant toute la vie de Renaudot, et bien longtemps encore après, un mot, un seul mot qui eût trait au journal ou à ses alentours, pas plus qu'à son fondateur. Elle commence par ce simple titre : *Gazette*, et finit, et seulement à partir du n° 6, par son adresse, ainsi conçue : *Du Bureau d'adresse, au Grand-Coq, rue de la Calandre, sortant au Marché-Neuf, près le Palais.*

Ce n'est pas, cependant, que le contraire eût eu rien d'étonnant ; il aurait plutôt semblé naturel que la *Gazette* servît d'auxiliaire, d'organe, au Bureau d'adresse ; mais il n'en fut rien, et quand Renaudot voulut donner de la publicité au propriétaire de cet établissement, il créa, comme nous l'avons vu, un organe spécial.

Ce caractère d'impersonnalité permettrait de croire que Renaudot, en cela, ne fut pas laissé à son libre arbitre, qu'il ne fut pas le maître absolu de son œuvre. Cela devient évident quand on considère l'aplomb, la marche assurée de la *Gazette* naissante. Elle nous apparaît dès son éclosion tout d'une pièce, dans une forme nettement arrêtée ; pas le moindre signe de tâtonnement, d'hésitation ; elle est dès le premier numéro ce qu'elle sera dans les suivants et dans toute la première période de son existence. En un mot, elle naquit journal officiel.

Mais, bien évidemment, elle ne vint pas au monde sans tambour ni trompette, et l'on ne peut douter que son enfantement dut être fort laborieux. Renaudot parle quelque part d'un prospectus qui en avait précédé la publication, et dans lequel il devait donner la raison et expliquer le but de cette nouvelle création, Il m'a été, à mon grand regret, impossible de mettre la main sur cette pièce. Il y est suppléé, jusqu'à un certain point, par une préface placée en tête du recueil des gazettes de la première année, préface on ne peut plus curieuse, mais dont il m'est impossible de rien reproduire ici. Ceux qui y auront quelque intérêt la trouveront *in extenso* dans ma Biographie de Renaudot, page 85.

Quant au caractère officiel de la *Gazette*, il est tout à fait hors de doute. Il est même plus que probable que le cardinal, dans ses commencements, aida à sa composition, qui présentait des difficultés presque insurmontables pour un particulier, à cette époque, et dans les conditions qui, vraisemblablement, lui furent imposées. Dans l'origine, en effet, elle ne contient, comme je viens de le dire, que des nouvelles étrangères ; qui les lui eût fournies ? On parle bien des relations de Renaudot avec le célèbre généalogiste d'Hozier, qui, entretenant pour les besoins de ses travaux une correspondance très étendue avec les provinces et l'étranger, l'aurait tenu au courant des nouvelles de l'extérieur. Mais cela n'aurait pu suffire à alimenter une publication périodique régulière, même hebdomadaire, sans compter que le caractère même de la *Gazette* répugne à cette supposition. Il me paraît bien plus simple d'admettre le concours des agents diplomatiques du gouvernement. On en a, d'ailleurs, mille preuves, et nous entendrons Renaudot lui-même se plaindre amèrement de ce qu'après la mort de Louis XIII, ces communications officielles avaient été momentanément interrompues, ce qui lui rendait très difficile la continuation de sa *Gazette*, « dont la matière, tirée de ce qui se passe tant aux pays étrangers que dans la France, lui était, par le temps passé, pour la plus part fournie par l'ordre des ministres, qui en ont la plus certaine connaissance, et qui savent le mieux distinguer les choses qui doivent être tues d'avec celles qu'il faut donner au public ».

Et aussi comment il faut présenter ce qu'on lui donne, comme en témoignent la correspondance de Richelieu et celle de Mazarin.

Ces communications lui furent supprimées durant la Fronde, qui le cribla de lardons. La réponse qu'il y fit ne manque pas non plus de piquant.

« Autrefois, dit-il, on le protégeait, on défendait son Bureau contre les malintentionnés ; et il avait trouvé moyen de faire subsister cet établissement avec une simple pension du roi de huit cents livres seulement, qui épargnaient dix fois davantage à Sa Majesté, la déchargeant des frais des courriers qu'elle était obligée de dépêcher pour informer ses provinces des choses qu'elle leur fait désormais savoir par là sans y engager son autorité, comme elle faisait auparavant. Et, bien que depuis la mort du roi on n'ait rien à lui reprocher, on ne l'a pas trouvé digne d'être maintenu en la jouissance de cette petite pension, dont le ménage ne peut guère enrichir l'épargne, ni en celle de ses privilèges ; de sorte qu'il ne lui reste plus à présent moyen de faire les dépenses nécessaires à l'entretien des dites impressions... Et l'on voudrait qu'il continuât de donner gratuitement ses *Gazettes* à ceux qui ne songent à lui que pour lui demander son bien, qu'il ne leur a jamais dû, et qu'il leur doit encore moins qu'auparavant !... »

Je ne referai pas ici l'histoire de cette vénérable doyenne du journalisme : les curieux la trouveront très développée dans mon *Histoire de la Presse* et dans mon *Renaudot* ; je n'en toucherai que les points les plus propres à faire ressortir l'importance de cette création et le mérite qu'y eut son fondateur.

Quand il fonda la *Gazette*, le journal, quoique demeuré jusque-là à l'état embryonnaire, n'était plus une nouveauté. Il n'y a donc rien d'étonnant à ce qu'il ait songé à se servir pour ses desseins de ce nouvel instrument de publicité, dont il était homme à comprendre la puissance. La *Gazette* procédait évidemment, dans son esprit, du même ordre d'idées que le Bureau d'adresse, d'où elle sortait, et tendait au même but : la satisfaction d'un besoin social, l'amélioration, la plus grande facilité des relations, ici intérieures, là internationales. Le Bureau d'adresse faisait, comme le dit son créateur, l'office des enseignes des carrefours ; la *Gazette*, celui de l'étoile polaire, cette grande enseigne du firmament. Son programme, le plus simple, le plus ingénieux, le plus parlant qu'on ait jamais fait, est tout entier — dans son titre ? — mieux que cela, dans la première lettre de ce titre, qui se compose de ce seul mot, gravé sur bois : **Gazette**. A l'intérieur du **G** se voient, en bas, une sphère terrestre, en haut la Petite-Ourse, et entre les deux une boussole, dont l'aiguille indique la polaire ; autour du **G**, cette devise, qui l'enserre : « Guidé du ciel, j'adresse et par mer et par terre ». Ainsi, par exemple, « le marchand n'ira plus trafiquer dans une ville assiégée ou ruinée, ni le soldat chercher emploi dans les pays où il n'y a point de guerre ». On voit où l'on en était au milieu du XVIIe siècle.

Il ne faudrait pas juger de la *Gazette* par ce que nous avons dit de l'étroitesse de son cadre, qu'elle avait, du reste, doublé dès la deuxième année. Elle avait de nombreuses et très importantes annexes, des *Extraordinaires*, qui paraissaient suivant les circonstances, jusqu'à trois et quatre par semaine, et qui étaient généralement consacrés à la publication des documents officiels et au récit des évènements marquants. La *Gazette* ne contient guère que ce que nous appelons des faits divers ; les *Extraordinaires* sont des récits détaillés, de véritables pages historiques, d'un intérêt réel. Ils portent un numéro d'ordre qui indique leur rang dans le recueil des *Gazettes* de l'année ; mais ils manquent à la plupart des exemplaires.

Outre ces Extraordinaires, Renaudot publiait encore des suppléments, qui n'avaient pas de titre général, mais un titre emprunté de leur contenu, et qui entraient également dans le recueil des *Gazettes*. A quoi il faut encore ajouter de nombreux factums destinés à repousser les attaques des gazetiers et des pamphlétaires étrangers. C'est cette voie que prenait Renaudot toutes les fois que lui ou les inspirateurs de la *Gazette* jugeaient à propos de répondre, et que la réponse ne pouvait trouver place dans la *Gazette* elle-même, dont le cadre se prêtait peu à la polémique. Renaudot, d'ailleurs, avait la riposte vive, et ne refusait jamais la lutte, sur aucun terrain ; ainsi le vit-on répondre par un poème latin à une attaque qui avait pris cette forme.

On peut voir, par ces brèves indications, sur lesquelles je ne saurais insister ici, de l'importance qu'eut la *Gazette* dès ses débuts.

Et je n'ai pas tout dit.

Les nécessiteux, en effet, les chercheurs d'aventures, n'avaient pas été les seuls à frayer le chemin du Bureau d'adresse. Toute la journée une foule de visiteurs se portait à la maison du *Grand-Coq* par curiosité, surtout depuis l'établissement de la *Gazette*, qui y avait bien vite amené tout le clan des nouvellistes.

Renaudot faisait bon accueil à tous, et beaucoup y revenaient, attirés par l'esprit et le savoir de notre docteur autant que par l'aménité de son caractère. Bientôt il groupa autour de lui un petit cercle d'érudits. Dès 1632, il se tient au Bureau d'adresse une « Académie ouverte à tous les beaux esprits, qui y venaient conférer en public de toutes les plus belles matières de physique, de morale, de mathématiques et autres disciplines, et laquelle était une des plus belles et plus utiles institutions qu'eût faites Renaudot, au jugement même de plusieurs de ses ennemis ». Le goût des petites réunions littéraires était alors fort répandu, mais on ne s'occupait dans ces réunions que de la langue et de la littérature françaises. Renaudot, le premier, provoqua, organisa des « Conférences ou Assemblées de gens doctes et curieux des sciences et des arts, où tous étaient reçus à donner leur avis, ou à écouter ceux d'autrui, sur la matière proposée ».

Le recueil de ces conférences qui nous est parvenu en contient 335, du 22 août 1633 au 1er novembre 1642. C'est bien là évidemment l'origine des comptes-rendus, des recueils de Mémoires de nos sociétés savantes.

Voilà l'absolue vérité sur Renaudot et sur son œuvre. Si sommaire que soit l'esquisse à laquelle j'ai dû me borner, j'en ai dit assez pour qu'il soit facile de se faire une idée de ce qu'était, au milieu du vieux Paris, cette maison du Grand-Coq de la rue de la Calandre, toujours pleine d'allants et venants. Paris, la France, n'avaient encore, assurément, rien vu de pareil, et je ne sais si l'on trouverait dans la suite de notre histoire un autre établissement qu'on lui puisse comparer. Et pour ce qui est de l'homme qui imprimait le mouvement à cette immense machine, en pourrait-on citer beaucoup qui aient déployé, dans la poursuite du bien, plus de dévouement, plus d'ingéniosité, plus d'activité, et aussi plus de patiente énergie, car, il est à peine besoin de le dire, tout ce bien ne se fit pas sans lutte.

Et il a pu se trouver dans le journalisme parisien, dans une revue dont les prétentions ne sont pas minces, *le Livre*, un *critique* assez éhonté pour mettre ce si digne Renaudot, qui fut le désintéressement même, qui mourut, au témoignage de son plus cruel ennemi, *gueux comme un peintre*, en parallèle avec un des plus effrénés et des plus francs adorateurs du veau d'or. « Qu'on élève une statue à Renaudot industriel et homme d'affaires, mais le philanthrope n'en mérite pas ; sa philanthropie était une enseigne. Emile de Girardin aussi était philanthrope ; sa philanthropie était identique à celle de Renaudot..... Renaudot était tout à fait de son siècle, comme Emile de Girardin ; leur préoccupation d'aller devant n'était que de la mise en scène » ! !

Et celà comme conclusion d'un prétendu compte rendu de ma biographie de Renaudot ! ! !

Et, pour que je n'en ignore, on m'adressait une circulaire *ad hoc*, qui se résumait nécessairement dans la formule : *Prenez mon ours.*

Tout celà peut être très spirituel, mais on me permettra de trouver que c'est de la plus rare impudence, de la démence.

Pour traiter Renaudot, je ne dirai pas de charlatan, mais seulement d'industriel, même d'industriel heureux, comme a bien voulu me le concéder une plume bienveillante, il faut ne pas connaître le premier mot de sa vie. Est-ce donc là un crime? Mille fois non ; mais alors, n'en parlez pas, ou du moins n'en parlez qu'après vous être renseignés. Ce qui doit étonner, ce qui, pour mon particulier, me révolte, c'est cette obstination à amoindrir, à décrier un homme qu'on ne connait pas, qu'on ne connait que par un des actes de sa vie qui devrait précisément commander la sympathie de tous ceux qui tiennent une plume.

Non, Renaudot ne fut pas un industriel, dans quelque sens qu'on veuille entendre ce mot ; jamais il n'a fait acte d'industrialisme. Son seul mobile, sa seule passion fut la passion du bien public, « pour lequel il s'était reconnu né », l'amour des pauvres, « l'objet constant de ses labeurs et la plus agréable fin qu'il se soit jamais proposée ».

Et dans cette poursuite du bien, il n'obéissait pas seulement à une irrésistible vocation ; comme je l'ai montré, *il remplissait un mandat.*

Et pourquoi cet inconcevable acharnement? Parce qu'il avait fait le bien contre les prétentions de la Faculté de médecine de Paris, qui s'arrogeait le droit d'interdire l'exercice de la médecine dans la capitale à tous les médecins qui n'avaient pas été sacrés par elle ; parce que, dans sa marche vers le progrès, il s'était fatalement heurté au monopole et à la routine, d'où contre lui un acharnement dont la violence dépassa tout ce qu'on pourrait imaginer, si l'on ne connaissait la féroce causticité de l'exécuteur des hautes œuvres de la Faculté, le fameux Guy Patin, une haine enragée qui infecta la vie et les œuvres de cet honnête Théophraste de tant de bave, que la trace n'en est pas encore effacée, et, je le crains bien, ne le sera jamais complétement : nous sommes ainsi faits que les plus indulgents ne verront jamais Renaudot qu'à travers les diatribes de Guy Patin.

Demandez, aujourd'hui encore, à un médecin ce qu'était Renaudot, vous obtiendrez partout et toujours la même réponse : « Renaudot ! c'était un charlatan ! » J'ai été cependant assez heureux pour rencontrer une exception, par laquelle il m'est agréable, sous quelques réserves, de terminer ce chapitre.

« Homme singulier, surtout pour le temps, a dit un juge impartial, Maurice Raynaud, dans *les Médecins du temps de Molière,* sincèrement ami du progrès, quoiqu'il ne fût pas lui-même sans préjugés ni sans contradictions ; esprit vraiment libéral fourvoyé au milieu d'une époque de privilèges, et qui, pour cette raison, devait succomber tôt ou tard, mais auquel il semble que la postérité devait tenir un peu plus de compte de ce qu'il a tenté...

« Il était venu au monde avec de rares qualités d'esprit et de caractère, qui lui eussent assuré un avenir brillant, quelque carrière qu'il eût embrassée. Beaucoup d'ambition, unie, quoi qu'en aient dit ses ennemis, à un grand fonds de probité, un esprit doué de plus de rectitude que d'élévation, mais, en revanche, merveilleusement inventif et industrieux, une souplesse extrême, une activité infatigable, aidée d'une santé de fer, firent de sa vie une des plus prodigieusement et des plus diversement occupées que l'on puisse imaginer ».

TRIBULATIONS ET FIN DE RENAUDOT

Pour s'expliquer l'animosité de la Faculté de Médecine de Paris contre Renaudot, il faut se reporter au temps, songer qu'à cette époque on était en tout sous le régime du privilège. Or, d'anciens règlements interdisaient l'exercice de la médecine à Paris à quiconque n'avait pas reçu ses grades à l'Université de cette ville. Ce privilège, dont elle se montrait très fière et très jalouse, elle prétendait le tenir du Saint-Siège, et elle mettait à le défendre tout ce que l'esprit de corps a de plus étroit, c'est-à-dire un esprit d'exclusion, de chicane, d'entêtement et de routine. De toutes les Facultés étrangères, celle qui lui portait le plus d'ombrage était celle de Montpellier, qui, ayant reçu des souverains pontifes, comme elle-même, le privilège de pratiquer et d'enseigner *urbi et orbi*, affichait hautement l'exorbitante prétention d'exercer la médecine dans la capitale.

Ajoutons que la rivalité entre les deux Facultés ne reposait pas seulement sur des questions de préséance et de privilège, qu'elle était aussi dans les doctrines ; que la Faculté de Paris tenait pour l'ancienne médecine, pour la rhubarbe, tandis que celle de Montpellier tenait pour la nouvelle, la médecine chimique, pour l'antimoine, que les docteurs de Paris avaient en horreur.

On comprend maintenant de quel œil les docteurs de Paris devaient regarder Renaudot, docteur de Montpellier exerçant sur leur terrain, et chef, à Paris, du parti de l'antimoine. Ils lui reprochaient, en outre, de compromettre par ses négoces la dignité de la profession.

Cependant Renaudot reconnaît lui-même qu'il n'avait pas eu trop à s'en plaindre avant l'établissement des Consultations charitables ; jusque là, « ils avaient toujours fait paisiblement la médecine avec lui, ils n'avaient jamais fait difficulté, même le doyen, de consulter avec lui ». Ses adversaires en conviennent eux-mêmes, et veulent bien reconnaître qu'il avait suffisamment de capacité, de talent. « Ce n'est pas, lit-on dans une *Défense de la Faculté,* qu'il n'eût de la suffisance ; nous ne voudrions pas, en le niant, faire tort à lui et à sa Faculté ». Concession bien rare de leur part. Aussi ne manque-t-il pas de s'en prévaloir. « Je ne parlerai point de mes degrés, puisqu'ils demeurent d'accord que j'avais de la suffisance ».

Cela est bien clair. Ecoutez cependant comment L. T., prenant *de la suffisance* pour *du toupet,* contrairement à ce qui est d'habitude, travestit ce double dire de la Faculté et de Renaudot : « Ses ennemis ne manquèrent pas de lui reprocher d'avoir été *plein de suffisance* en *consentant* à *acquérir* le grade de docteur à un pareil âge » !!! *Ab uno disce omnes.*

Mais la création du laboratoire, de la chaire de Chimie, mit le feu aux poudres ; ils ne purent supporter l'éclat de la nouvelle charité de notre philanthrope. Il faut dire aussi que cette charité était grosse de menaces pour leur boutique.

Ils voyaient en effet poindre dans la maison du *Grand-Coq* « une nouvelle école et une nouvelle académie, à leur préjudice, et à la barbe de l'université la plus glorieuse de l'Europe, dans laquelle cet empirique de Renaudot voulait planter une cinquième faculté ». Le péril était imminent : la guerre fut décidée, et une guerre sans trève ni merci. Une commission fut nommée, avec mission de ne laisser aucun répit à Renaudot ; un fonds de guerre fut spécialement créé, et il fut solennellement décrété que tout docteur pourrait écrire, aux frais de la Compagnie, contre l'ennemi commun. « Et, dit M. Chéreau, on ne se fit pas faute, rue de la Bûcherie, d'user de la permission. Durant quatre années ce fut une avalanche de factums, de chansons, de pièces rimées, qu'on dirait, pour la plupart, avoir été écrites plutôt par des crocheteurs que par des médecins ». Il n'est sorte d'injures dont on n'accablât ce malheureux Théophraste, avec les raffinements de grossièreté dont les savants d'alors possédaient le secret ; les noms de fripon, de polisson, qui reviennent à chaque instant sous leur plume, sont les plus mitigés de leur vocabulaire.

La bataille était conduite par Guy Patin, si fameux par son esprit caustique. « Il faut lire, dit Sainte-Beuve, la correspondance de ce trop célèbre satirique, pour comprendre jusqu'à quel point une querelle de boutique peut aveugler un homme d'esprit ; on trouverait difficilement un autre exemple d'une pareille animosité. Il ne peut parler du « maître des Gazettes, — il ne faut pas salir le papier de son nom, qui sera odieux et exécrable à la postérité », — il ne peut parler de Renaudot, il n'y peut songer, sans une sorte d'horripilation, et la langue française ne lui fournit pas de notes assez fortes pour exprimer sa haine contre ce Théophraste ou plutôt *Cacophraste* Renaudot, ce nez pourri de gazetier, ce fripon hebdomadaire, de tous les bipèdes le plus méchant et le plus menteur et le plus médisant, qui aurait besoin d'ellébore, ou d'une médecine plus âcre, du fer et du feu ». Ces gentillesses sont généralement dites en latin, ce qui leur donne encore plus de sel.

La Faculté avait cru devoir, avant d'engager la bataille, s'adresser à Richelieu et lui demander protection. « Faites mieux que M. Renaudot », aurait répondu le Cardinal à ses délégués. Elle essaya, mais y réussit mal. « Ah ! s'écriait à ce propos Guy Patin, ah ! si ce gazetier n'était soutenu de l'Éminence en tant que *nebulo hebdomarius,* nous lui ferions un procès criminel, au bout duquel il y aurait un tombereau, un bourreau, et tout au moins une amende honorable ; mais il faut obéir au temps ».

Enfin, la mort exauça les vœux du charitable docteur, en couchant dans la tombe cette « Puissance à laquelle il était assez difficile et dangereux de ne pas se soumettre entièrement, et dont ce maraud de gazetier avait pu, par des artifices peu sincères, s'appuyer pour l'exercice de ces *sinistres desseins* ». La haine de la Faculté put alors se donner un libre cours.

Après diverses procédures, l'affaire fut portée devant le Parlement.

Il faut entendre alors l'avocat de la Faculté. Toutes les armes sont bonnes à ce foudre d'éloquence pour écraser ce pauvre Renaudot, le ridicule aussi bien que la calomnie. C'est un *ardelio,* un proxénète, un vagabond, un industriel sans foi ni loi. Ses tentatives pour faciliter les transactions et procurer au commerce les moyens d'écoulement qui lui manquent : honteux trafic ! Ses efforts pour venir en aide aux nécessiteux : infâme usure ! Il veut faire sortir de l'ornière l'art de guérir : charlatanisme ! Il donne gratuitement aux pauvres, avec ses consultations, les nouveaux curatifs que lui fournit la science : charlatanisme ! charlatanisme ! Pour comble, il se fait gazetier, courtier de nouvelles, l'équivalent de courtier d'amour !

Et il ne s'arrête pas en si beau chemin. Il va fouiller jusque dans les plis les plus intimes de sa vie privée, et se fait une arme de ses chagrins domestiques. Il le raille sur son nez camus, le sujet d'éternels sarcasmes. Il va jusqu'à lui contester la légitimité de son prénom de Théophraste, qu'il trouve trop pompeux pour qu'il ne soit pas emprunté. Ce n'est pas tout encore. Voulez-vous savoir jusqu'où allait la rare subtilité de ces graves docteurs? Suivez bien ce raisonnement : « L'origine et les mœurs de Renaudot sont à considérer : il est né à Loudun, où il est certain, de par Laubardemont, que les démons ont établi leur domicile ; il a témoigné avoir une partie de leurs secrets et de leurs ruses : en effet, Tertullien remarquait, dans son Apologétique — on cite le passage — deux circonstances qui avaient mis le diable en crédit : le débit des nouvelles et celui des recettes pour les maladies ». Or Renaudot est gazetier, il veut être empirique, il est né à Loudun : donc, etc.

Et comme si ce n'était pas assez, le doyen de la Faculté de médecine vient à la rescousse. Dans une pompeuse harangue latine, il commence par invoquer les dieux immortels contre toutes les violations de la charité chrétienne dont le gazetier s'est rendu coupable ; puis, après ce charitable exorde, il s'étend avec complaisance sur les défauts physiques de son adversaire ; il le représente aux juges comme un monstre difforme, auquel il est urgent d'interdire l'exercice de la médecine, parce qu'il est capable d'effrayer les malades par sa laideur, et d'exercer une influence funeste sur les imaginations.

Et c'est la Faculté de médecine de Paris qui invoque de pareils moyens contre un adversaire qu'elle jalouse ! Et c'est au milieu du XVII° siècle, en plein Parlement, que se débitaient de pareilles sottises !

Comment s'étonner que Renaudot ait succombé sous de telles accusations ! Ce fut en vain que son avocat rappela à la Cour les consécrations successives que les divers établissements de son client avaient reçues de l'autorité royale, la protection qui l'avait couvert jusque là, le succès de son enseignement privé, et les services qu'il avait rendus à l'humanité par ses Consultations charitables ; en vain qu'une foule de témoins, parmi lesquels un maréchal de France et plusieurs grands seigneurs et grandes dames, vinrent déposer en faveur de son talent et de l'excellence de ses remèdes : il avait contre lui la lettre de la loi ; il devait avoir tort.

Un arrêt solennel du 1er mars 1644 — arrêt définitif et sans appel, quoi qu'on en ait dit — « fait défense à Renaudot et à ses adhérents non médecins de la Faculté de Paris d'exercer ci-après la médecine, ni faire aucune conférence ni consultation, ni assemblée dans les Bureaux d'adresse ou autres lieux de cette ville et faubourgs de Paris, ni de traiter et panser aucun malade, sous quelque prétexte que ce soit, à peine, contre les contrevenants, de 300 livres d'amende ». — Mais que l'on considère ce dispositif : « Ordonne que, dans la huitaine, la Faculté s'assemblera pour faire un projet de règlement pour les Consultations charitables, et icelui aporter à la Cour, pour icelle en ordonner ce que de raison ».

Le Parlement reconnaissait donc l'excellence de cette institution ; elle était telle, d'ailleurs que la vérité se fait jour jusque dans les registres de la Faculté, où la réouverture des Consultations est consignée en ces termes honorables : « Le 4 juin 1644, date mémorable, la Faculté commençait ses Consultations gratuites, qui, pour rendre à chacun ce qui lui appartient, furent rétablies telles que Renaudot les avait fondées quelques années auparavant ».

Ce, n'en fut pas moins pour ce pauvre Renaudot un coup mortel, qui, joint à un très mauvais état de santé et à des ennuis de famille, empoisonna ses dernières années.

Il mourut le 25 octobre 1653, et le lendemain, un *convoi de trente prêtres* le conduisait, à travers une foule émue et reconnaissante, du Louvre, où il habitait en sa qualité d'historiographe de France, à Saint-Germain-l'Auxerrois, où il fut enterré devant l'autel, — et où sa mémoire est restée ensevelie avec lui pendant deux siècles.

Voici dans quels termes dignes la *Gazette*, le journal officiel, annonçait, *coram testibus,* dans son numéro du 1er novembre, la mort de son fondateur.

« Le 25 du mois dernier mourut, au quinzième mois de sa maladie, en sa soixante-douzième année, Théophraste Renaudot, conseiller médecin du roi, historiographe de Sa Majesté, d'autant plus recommandable à la postérité que, comme elle apprendra de lui les noms des grands hommes qu'il a employés en cette histoire journalière, on n'y doit pas taire le sien, d'ailleurs assez célèbre pour son grand savoir et la capacité qu'il a fait paraître durant cinquante ans en l'exercice de la médecine, et par les autres belles productions de son esprit, si innocentes que, les ayant toutes destinées à l'utilité publique, il s'est toujours contenté d'en recueillir la gloire ».

Le jour de la justice va-t-il enfin luire ?

Il y a huit ans, dans la préface de ma biographie de Renaudot, je faisais appel à la reconnaissance de ses compatriotes. La ville de Loudun, disais-je, ne s'honorerait-elle pas en donnant à une de ses rues le nom de Renaudot, en même temps qu'une inscription placée sur la maison qui fut peut-être son berceau dirait à ceux qui les ignoreraient ses titres à cet hommage. « J'applaudirais d'autant plus, pour ma part, à ce commencement de réparation, qu'il pourrait avoir de l'écho à Paris, qui doit tant à Renaudot, et être ainsi un acheminement vers un monument plus digne d'une telle mémoire ».

Loudun a répondu à mon appel, dans la mesure de ce qui était possible alors. Ça a été pour moi une vive satisfaction, et ce n'est pas avec un plaisir moins grand que j'ai appris que c'était du berceau de Renaudot qu'était parti le mouvement qui se dessine aujourd'hui.

Espérons que Paris, qui s'y est engagé presque en même temps que Loudun, le poussera jusqu'au bout. Mais on sait avec quelle sage lenteur procède l'administration parisienne. Dans sa séance du 9 octobre 1884, la Commission officielle des Inscriptions parisiennes, après s'être fait démesurément tirer l'oreille, adoptait, sur la proposition, je pourrais dire sur les instances de mon savant ami Jules Cousin, l'inscription suivante, qui fit le tour de la presse : « Ici s'élevait la maison du *Grand-Coq*, ouvrant rue de la Calandre et sortant au Marché-Neuf, où Théophraste Renaudot fonda, en 1631, le premier journal parisien, la *Gazette de France* ».

Trois ans après ! le 19 septembre 1887, le *Bulletin municipal officiel* annonçait que la décision de la Commission avait été enfin exécutée. D'après le procès-verbal d'apposition, daté du 16 juillet de cette année-là, cette apposition était faite en exécution d'une délibération du Conseil municipal du 26 mai 1886, et d'un arrêté du préfet du 17 juillet de la même année.

Mais durant cette longue incubation l'inscription avait subi une notable métamorphose. Voici enfin en quels termes on la lit sur la maison n° 8 du quai du Marché-Neuf, sauf la disposition : *Théophraste Renaudot fonda en 1631 le premier journal imprimé à Paris, la Gazette, dans la maison du Grand-Coq, qui s'élevait ici, ouvrant rue de la Calandre et sortant au Marché-Neuf.*

Et comme pour confirmer ce que j'ai dit en commençant de cette fatalité qui fait qu'on ne peut rencontrer Renaudot, en parler ou en écrire, sans l'estropier, le *Bulletin officiel* lui donne le prénom de *Théophile !* Un vrai mot de la fin !

Le marbre du Marché-Neuf ne vise que le berceau de la *Gazette*; Renaudot n'y figure qu'accessoirement, et seulement à titre de créateur de notre premier journal ; néanmoins je me suis réjoui de voir ainsi son nom en vedette. C'était le premier hommage qui lui fût rendu depuis sa mort, et tout nous fait espérer qu'il sera bientôt dignement complété.

L'occasion est offerte aujourd'hui à la Presse de réparer un trop long oubli ; je souhaite ardemment qu'elle y fasse un meilleur accueil que celui qu'elle a, en 1881, à l'appel que je lui ai adressé à l'occasion du 250e anniversaire de la fondation de la *Gazette*. Si je ne puis, à mon âge, espérer voir le triomphe de Renaudot, ce me serait, tout du moins, une consolation de pouvoir en emporter l'assurance.

Et maintenant il ne me reste plus qu'à donner l'explication de l'étalage que je fais d'autre part de mes œuvres, à l'intention de la nouvelle génération, pour laquelle je serai un revenant. Elle m'a été fournie par cet axiome que nous avons entendu tout à l'heure formulé par l'*Eclair*, à savoir que l'unique, ou tout au moins le plus sûr moyen de faire savoir qu'on existe, c'est de le dire. Honni soit, d'ailleurs, qui mal y pense !

EUGÈNE HATIN.

Alençon, l'an 1892 de notre ère, et le 83e de mon âge.

SUR THÉOPHRASTE RENAUDOT

THÉOPHRASTE RENAUDOT ET SES « INNOCENTES INVENTIONS ». *Poitiers* et *Paris*, 1883, in-18 elzévirien, papier teinté, portrait, autographe rarissime, pour ne pas dire unique, vignettes et fleurons.

Il a été tiré de ce volume, dont les éditeurs ont « tenu à honneur, en leur double qualité de Poitevins et de journalistes, de faire un livre digne du sujet — et de l'auteur ! » qui pût tenir honorablement sa place dans les bibliothèques les plus choisies, quelques exemplaires en grand papier, avec encadrement rouge et portrait gravé, du même format, qui n'ont pas été mis dans le commerce.

A PROPOS DE THÉOPHRASTE RENAUDOT. *L'Histoire, la Fantaisie et la Fatalité. Paris*, Féchoz, 1884, in-8º.

Avec cette épigraphe : *Facit indignatio.* Contre la critique, au sujet du « Renaudot d'après des documents inédits ». L'honneur, un peu inconsidéré, que fit l'Académie à cette indigeste compilation, me força à en faire, sous le titre de *Renaudot à l'Académie française*, une nouvelle émission, que j'adressai individuellement à chacun des quarante immortels, et qui a fait un certain bruit.

LA MAISON DU GRAND-COQ ET LE BUREAU D'ADRESSE. *Paris*, Champion, 1885, in-12, papier fort.

A l'occasion de la pose du marbre commémoratif de la fondation de notre premier journal. Dans ce petit volume, qui fait honneur à l'éditeur, se trouve résumée toute l'histoire de Renaudot.

J'ai, de plus, semé tout le long de mon chemin, à toute occasion, ici et là, dans les journaux et dans les encyclopédies, de très nombreux articles. Je n'en rappellerai que le plus important, un Supplément illustré du *Figaro : Le 250º anniversaire de la création du Journal en France*, 30 mai 1881, qui, tiré à 90,000 exemplaires, a porté aux quatre coins du monde le nom de Renaudot, et, avec son facies, celui de son biographe, aussi peu flattés l'un que l'autre.

Voilà mon œuvre. — Je ne parle que de mes travaux sur la Presse. — Elle constitue, comme on aura pu le remarquer, un ensemble, un corps de doctrine, que la France est seule à posséder. A-t-elle été appréciée à sa juste valeur ? Hélas ! trois fois hélas ! J'ai, par instants, besoin de me rappeler, comme ce pauvre Scarron, un des pères de la petite presse, qui avait peine à trouver qui imprimât son ingrate rime,

> Que sur ses vers le grand Malherbe
> A peine trouva-t-il de l'herbe ;
> Qu'en ses vieux ans il n'eut de bon
> Que du laurier, comme un jambon !

9 782014 428872